BEI GRIN MACHT SICH IHR WISSEN BEZAHLT

- Wir veröffentlichen Ihre Hausarbeit,
  Bachelor- und Masterarbeit

- Ihr eigenes eBook und Buch -
  weltweit in allen wichtigen Shops

- Verdienen Sie an jedem Verkauf

Jetzt bei www.GRIN.com hochladen und kostenlos publizieren

Bibliografische Information der Deutschen Nationalbibliothek:

Die Deutsche Bibliothek verzeichnet diese Publikation in der Deutschen National-
bibliografie; detaillierte bibliografische Daten sind im Internet über http://dnb.d-
nb.de/ abrufbar.

Dieses Werk sowie alle darin enthaltenen einzelnen Beiträge und Abbildungen
sind urheberrechtlich geschützt. Jede Verwertung, die nicht ausdrücklich vom
Urheberrechtsschutz zugelassen ist, bedarf der vorherigen Zustimmung des Verla-
ges. Das gilt insbesondere für Vervielfältigungen, Bearbeitungen, Übersetzungen,
Mikroverfilmungen, Auswertungen durch Datenbanken und für die Einspeicherung
und Verarbeitung in elektronische Systeme. Alle Rechte, auch die des auszugsweisen
Nachdrucks, der fotomechanischen Wiedergabe (einschließlich Mikrokopie) sowie
der Auswertung durch Datenbanken oder ähnliche Einrichtungen, vorbehalten.

Impressum:

Copyright © 2018 GRIN Verlag
Druck und Bindung: Books on Demand GmbH, Norderstedt Germany
ISBN: 9783668894549

Dieses Buch bei GRIN:

https://www.grin.com/document/459389

Patrick Loch

Erstellung einer Marktanalyse und Marketingkonzepts für ein Gesundheitsstudio in Dortmund

GRIN Verlag

GRIN - Your knowledge has value

Der GRIN Verlag publiziert seit 1998 wissenschaftliche Arbeiten von Studenten, Hochschullehrern und anderen Akademikern als eBook und gedrucktes Buch. Die Verlagswebsite www.grin.com ist die ideale Plattform zur Veröffentlichung von Hausarbeiten, Abschlussarbeiten, wissenschaftlichen Aufsätzen, Dissertationen und Fachbüchern.

Besuchen Sie uns im Internet:

http://www.grin.com/

http://www.facebook.com/grincom

http://www.twitter.com/grin_com

Deutsche Hochschule für
Prävention und Gesundheitsmanagement
Hermann Neuberger Sportschule 3
66123 Saarbrücken

Hausarbeit (kollektive Prüfungsleistung)

Name, Vorname	L., Patrick
Modul	Marketing I
Studiengang	Sportökonomie WS17
Studienort	Köln
Gruppe bzw. zu bearbeitende Stadt	Dortmund
Unternehmenstyp*	**Gesundheitsstudio**

* abhängig von Aufgabenstellung: jeweils den zu bearbeitenden „Unternehmenstyp" eintragen

Inhaltsverzeichnis

1 Marktbeschreibung / -analyse

1.1 Allgemeine Informationen zum Gesundheitsstudio

Bei dem geplanten Studio handelt es sich um ein Gesundheitsstudio in der Stadt Dortmund. In dem Studio soll ein gesundheitsorientiertes Training angeboten werden. Das Gesundheitsstudio spricht durch eine große Produktvielfalt eine sehr breite Zielgruppe an. Als Hauptzielgruppe lassen sich jedoch Männer und Frauen des mittleren Alters definieren. Zudem handelt es sich um Personen mit einem normalen bis guten Einkommen, welche Wert auf Qualität, persönliche Beratung und eine hohe Fachkompetenz legen. Die Hauptzielgruppen sind Menschen die Gesundheihtsbewusst sind aber auch unter ihren Gesundheitlichen Problemen leiden und nach einer Problemlösung dafür suchen. Vor diesem Hintergrund sollen Personen angesprochen werden, dessen Ziel die Gesundheitsverbesserung, Gesundheitserhaltung sowie die Wiederherstellung der Gesundheit ist.

Anschließend muss die gewünschte Positionierung auf dem Markt festgelegt werden. Hierbei wird überlegt, wie die Leistung des Anbieters im Verhältnis zur Konkurrenz wahrgenommen wird. Das Gesundheitsstudio soll als ein Anlaufpunkt gesehen werden, um ein hochwertiges und umfassendes Angebot in wohltuender Atmosphäre zu erleben. Das Gesundheitsstudio hebt sich sowohl durch die Vielseitigen Angebote wie zum Beispiel Bewegungs-, Fitness-, Kurs und Welnessangebote ab. Der Blick auf den Phoenix See und 3 Saunen bieten zusätzlich eine entspannte Atmosphäre, um dem stressigen Alltag zu entfliehen. All diese Faktoren sollen die Hauptzielgruppe ansprechen und für einen Wettbewerbsvorteil gegenüber der Konkurrenz sorgen.

Tabelle 1: Produkt-, Preis- und Distributionspolitik

Produktpolitik	Preispolitik	Distributionspolitik
- **Personal-Training, Reha-bilitation und Therapie-sport**	- **Monatsbeitrag/ Verträge**	- **Direktvertrieb im Studio**
- **Ausdauergeräte**	• 12 Monate: 55 €	- Alle Dienstleistungen finden am Standort des Studios und in Firmen statt
• genaue Einstellung der Trainingsintensität	• 24 Monate: 50 €	• Kurse und Trainingsstunde
- **Kraftgeräte**	- **Aufnahme Gebühr**	• Vorträge & Workshops
• gesundheitsorientiertes Krafttraining an modernen und verständlichen Geräten	• Einmalig 49,90 € (Ein Probetraining/Trainingseinwesiung, Anamnese, Trainingsplan, Verwaltungsgebühren und Mitglieds Ausweis	• Seminare und einen „Day of Sport" in umliegenden Firmen veranstalten.
	- **Zahlung**	- **Indirekter Vertrieb**
	• zum 15. eines Monats	

- Gruppentraining/Kurse	• 12 Monatige Vorauszahlung	• Neukunden Gewinnung über
• Reha Kurse	möglich	Veranstaltungen und Kooperati-
• Osteoporose Kurse	- **Rabatte**	onen mit Unternehmen, Arztpra-
• Rückenstärkung (Strong Back,	• Werben eines Neukun-	xen und Physiotherapien
Wirbelsäulengymnastik)	den/Partners -5€ auf Mitgliedsbei-	• Gutscheine für ein Probetrai-
• Progressive Muskelentspan-	trag bei Vertragsabschluss	ning bei anliegenden Firmen
nung	- **Kooperationen**	(MediaMarkt, Penny,Woolworth)
• Yoga	• Firmenfitness / 20% Nachlass auf	verteilen, die bei einem kauf mit
• Mobility	den Monatsbeitrag bei mindestens	in die Einkaufstüte gepackt
• Fazientraining	10 Mitgliedern aus derselben Fir-	werden
• Qigong	ma	
• Pilates		

- **Vorträge & Workshops**

• Ernährungsberatung

• Stressmanagement

• Osteoporose

• Work-Life Balance

• Diabetes

• Bluthochdruck

• Arthrose

- **Verkauf**

• Shakes, Protein Riegel, Tee, Smoothies und Kaffee

- **Five Gerätetraining**

• Präventives Training

• Training für Muskulatur, Gelenke und Faszien

• Muskel-Meridian-System Training

- **Wellness & Gesundheit**

• 2 Saunen für Männer und Frauen

• Training an der frischen Luft (Sommer)

• Kältekammer (GK Kryotherapie)

- **Trainingsbetreuung**

• Qualifiziertes Personal für eine hochwertige Betreuung

1.2 Lage und Standort des Unternehmens

Das Gesundheitsstudio befindet sich in Dortmund-Hörde, an der Adresse Am Kai 8, in 44263 Dortmund. Der Standort liegt direkt am neu errichteten Phoenix See im Dortmunder Stadtbezirk Hörde. Die Wahl fiel auf diesen Standort, da es in der näheren Umgebung bisher nur reine Kraftrainingsstudios mit einzelnen Zusatzangeboten und EMS Studios gibt. Aufgrund dieser Tatsache ist die Konkurrenz für ein Gesundheitsstudio daher eher gering zu bewerten. Der Standort liegt im Zugangsbereich zum Phoenix See, welcher nicht nur zum Spazieren, joggen und entspannen einlädt, sondern auch eine üppige Gatronomielandschaft mit zahlreichen Restaurants und Cafés bietet. Des Weiteren befinden sich im engeren Umkreis auch Firmen. Diese Personen stellen natürlich auch einen Teil der Hauptzielgruppe dar, zumal Büroarbeiter durch ihre Sitzende Berufstätigkeit oft unter gesundheitlichen Problemen leiden. Wie sich später bei 1.4 zeigt, ist Hörde ein Stadtbezirk mit einer vergleichsweise alten Bevölkerung und genau diese Personengruppe möchte das Unternehmen sportlich Begleiten. Ein weiterer wichtiger Punkt ist die Verkehrsanbindung und die Park Möglichkeiten. Die Parkmöglichkeiten sind rund um das Studio durch einen öffentlichen Parkplatz am Phoenix See und ein Parkhaus ausreichend vorhanden. Ein letzter wichtiger Faktor ist, dass ein dichtes Netz an Öffentlichen Verkehrsmitteln existiert. Von der Bus und Bahn Haltstelle „Hörde Bahnhof" lässt sich der Phoenix See in wenigen Gehminuten erreichen. Mit der Buslinie 445 lässt sich der Phoenix See ansonsten auch direkt anfahren.

1.3 Bestimmung von zwei Marktgebieten

Die Marktgebiete wurden mit der Zeit-Distanz Methode berechnet. Das Marktgebiet 1 wurde Grün dargestellt (MG1 – Grün) und das Marktgebiet zwei in Rot (MG2 – Rot). Die Anfahrtszeit des Kunden wird zu der Hauptverkehrszeit und aus allen Himmelsrichtungen gemessen. Marktgebiet 1 zeigt die Distanz, die vom jeweiligen Standort innerhalb von sechs Minuten Fahrzeit mit dem PKW zurückgelegt werden kann. Das Marktgebiet 2 umfasst dieselbe Strecke unter den gleichen Bedingungen innerhalb von Vierzehn Minuten. In der unteren Abbildung sieht man zum einen beide Marktgebiete sowie die zwei bedeutendsten Konkurrenten des Gesundheitsstudios. Der Blaue Pfeil zeigt den Standort des Gesundheitsstudios (Am Kai 8, 44263 Dortmund). Die zwei stärksten Konkurrenten worden jeweils mit einem orangenen Pfeil markiert. Der obere orangen Pfeil zeigt das INJOY Station Dortmund (Willem-van-Vloten Str. 44, 44263 Dortmund) und der untere Pfeil zeigt das DANNYFIT (Phoenix Straße 16, 44263 Dortmund) an. In der Abb. 1 wurde der Maßstab von 3km verwendet. Zur besseren Erkennbarkeit wurden zwei Abbildungen angefertigt. Der Maßstab in Abbildung. 2 beträgt 2km.

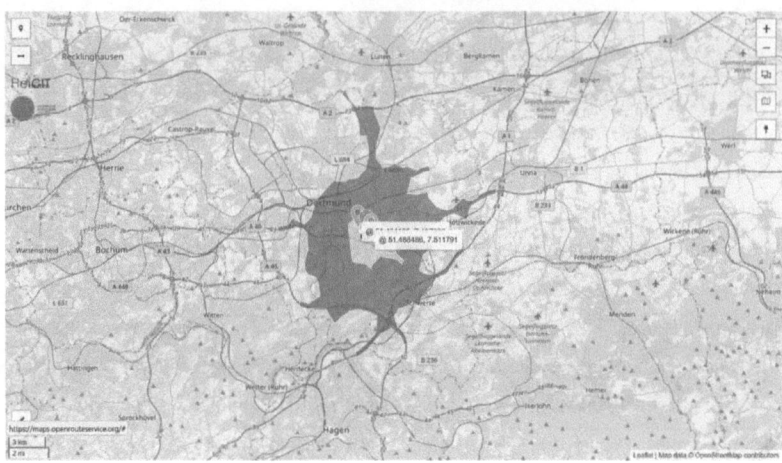

Abbildung 1: Marktgebiet 1 & 2 anhand der Zeit-Distanz-Methode (angefertigt mit Openrouteservice, 2018)

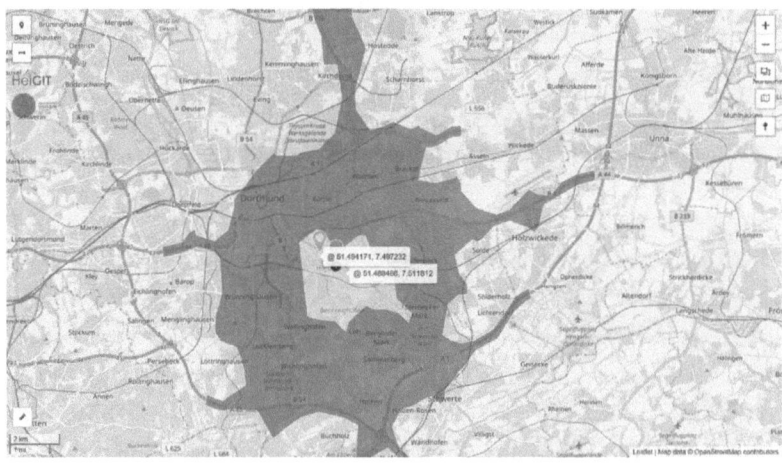

Abbildung 2: Marktgebiet 1 & 2 anhand der Zeit-Distanz-Methode (angefertigt mit Openrouteservice, 2018)

1.4 Makroumfeldanalyse und Abschätzung des Marktpotenzials

Tabelle 2: Kaufkraft, Arbeitslosenquote und Altersverteilung Dortmund (modifiziert nach Dortmunder Statistik, 2018)

	Kaufkraft	Arbeitslosenquote	Altersverteilung
Dortmund	91,7 (21.090 € pro Einwohner)	9,8 % Arbeitslose insgesamt 30.827 (November, 18)	Gesamtbevölkerung 601.780 (2017) 0-18 J.= 96.966 18-35 J.= 139.488 35-65 J.= 244.630 65- Ü80 J.= 120.696
Hörde (Stadtbezirk)		10,1 % (2017)	Gesamtbevölkerung 55.518 (2017) 0-18 J.= 8.437 18-35 J.= 11.216 35-65 J.= 23.315 65- Ü80 J.= 12.550

Tabelle 3: Einwohner nach Stadtteilen der Marktgebiete (modifiziert nach Dortmund Statistik, 2018 & Wikipedia)

Stadtteile	Einwohner
Brackel	24.249
Neuassel	3.693
Wambel	7.813
Brünninghausen	3.852
Schüren	9.741
Wellingshofen	7.223
Wichlingshofen	2.438
Holzen	9.030
Innenstadt West	53.323
Berghofer Mark	2.307
Benninghofen (MG1)	8.553
Aplerbeck	21.825
Aplerbecker Mark	4.241
Hörde (MG1)	25.229
Innenstadt Ost (Körne)	56.354
Lücklemberg	4.796
Kirchhörde	6.284
Renninghausen	3.064
Berghofen (MG 1)	11.929
Einwohner Insgesamt	**265.944**

Tabelle 4: Berechnung Marktpotenzial

	Summe Einwohner	Marktpotenzial
Marktgebiet 1 (100%)	45.711	5.485 (12%)
Marktgebiet 2 (Faktor 70%)	220.233	18.499 (12%)
	Faktor 70%: 154.163	
Gesamtmarktpotenzial	199.874	23.984

Die Dargestellten Tabellen beinhalten die Stadteile der Marktgebiete eins und zwei und die Berechnung des Marktpotenzials. Die Zahlen können zum Teil etwas Abweichen, da bestimmte Teile im Marktgebiet nicht vollständig eingeschlossen werden konnten.

1.5 Wettbewerbsanalyse

Tabelle 5: Wettbewerbsanalyse (INJOY Station Dortmund & DANNYFIT)

Mitkonkurrent	Produktpolitik	Stärken	Schwächen
INJOY Station Dortmund (Willem-van-Vloten Str. 44263 Dortmund)	•Muskeltraining •Herz-Kreislauf-Training • Personal Training • eGym Zirkel • Herz-Kreislauf Zirkel • Functional Training • Ernährungsberatung •Ernährung & Abnehmzentrum • Rücken & Gelenkzentrum •fle.xx Rückgratkonzept •Gesundheitscheck •Herzfrequenz & Stress Messung (cardioscan) • Sauna • Firmenfitness	• Sehr umfangreichen und hoch qualitatives Angebot • Spezielle Rückenprgramme • Individuelle und kompetente Betreuung	• Kein ausdrückliches Therapie und Reha Training • Keine weiteren Schwächen erkennbar
DANNYFIT (Phoenix Seestraße 16, 44263 Dortmund)	• Milon Zirkeltraining • Freemotion Zirkeltraining • Cardiotraining • Power Plate • Personal Training • Freihanteltraining • Körper und Geist • Smoothie Bar & Bistro	• Umfangreiches Leisstungsangebot • Gute Verbindung zwischen Training und Entspannung	• Teure Mitgliedschaften in denen nicht alle Angebote enthalten sind. (Google Rezession) • Kein Präventions-, Reha und Therapietraining

8

Das INJOY punktet nicht nur durch ein großes Leistungsspektrum, sondern auch durch eine individuelle Kundenbetreuung. Des Weiteren grenzt sich das INJOY durch das spezielle Rücken und Gelenkzentrum sowie das Abnehm und Ernährungs Zentrum ab. Das Gesundheitsstudio bietet dagegen ein spezielles Präventions-, Therapie und Reha Konzept an. Die Produktpolitik unterscheidet sich ebenfalls nochmal in einigen Punkten wie zum Beispiel der Kältekammer und des Inventars. Trotz aller Betrachtungen sind keine gravierenden Schwächen erkennbar und somit muss das INJOY als starker Konkurrent in unmittelbarer Umgebung gesehen werden. Das DANNYFIT punktet ebenfalls durch ein breites Leistungsangebot und durch hochwertige Austastung. Ansonsten bietet das DANNYFIT eine gute Mischung zwischen Training und Entspannung, begünstigt durch den Blick auf den Phoenix See sowie der Seeterasse mit Smoothie Bar und Bistro. Das Gesundheitsstudio bietet dagegen ein größeres Spektrum an Gesundheitsorientierten Trainingsmöglichkeiten, die der Wiederherstellung dienen sowie ein Wellnessangebot.

2 Marketingplanung

2.1 Budgetplanung

Die Endabsicht liegt bei 700 Mitgliedern nach dem ersten Geschäftsjahr. Berechnet man die Marketingkosten mit 40 € pro Neukunden, ist ein Jahresbudget von 28.000 € notwendig.

Rechnung: 700 MG * 40 € pro Neukunden = 28.000 €

2.2 Kommunikationspolitik

Bereits zwei Monate vor Eröffnung des Gesundheitsstudios wird eine Vermarktungskampagne gestartet. Alle Kommunikationsinstrumente haben das Ziel möglichst viele neue Mitglieder zu generieren und die Einwohner im Marktgebiet auf das neue Gesundheitsstudio aufmerksam zu machen. Neben der Werbung wurden die Instrument Persönlicher Verkauf und Social-Media Marketing ausgewählt. In der folgenden Tabelle werden alle Inhalte der Kommunikationsinstrumente dargestellt.

Tabelle 6: Kommunikationsinstrumente

Zeitraum Eröffnung 01.03.2019	Inhalt / Was wird geplant?	Umsetzung / Ziel
01.01.2019 – 01.03.19 Ab Woche 1. Bis Eröffnung	**Werbung** •Direktwerbung •Annoncen Zeitung •Außenwerbung	Beginn 01.01.19:Herstellung und Gestaltung von Flyern, Annoncen und Plakate für Außenwerbung. Ab **01.02.19**: Plakate und Außenwerbung wird an den gewählten Standorten angebracht. Ab **10.02.19**: Annoncen in regionale Zeitungen Ab **15.02.19**: Jeden Samstagmittag werden rund um den Phoenix See und in der Fußgängerzone Hörde „Zentrum" Flyer verteilt. **Ziel:** Viele Erstkontakte schaffen und Aufmerksamkeit im Marktgebiet erwecken.
15.01.2019-01.03.2019 Ab Woche 3. Bis Eröffnung	**Online und Social Media-Marketing** • Positionierung auf Facebook, Instagram und der eigenen Homepage	Beginn **15.01.19**: Erstellung der eigenen Homepage und der Social-Media-Kanäle. Ab **01.02.19**: Gewinnspiel auf Instagram und Facebook. (Verlosung eines gratis Monats unter den Teilnehmern des Gewinnspiels) **Ziel:** Aufmerksamkeit wecken und Interesse durch neue Posts aufrechterhalten.
15.02.2019-01.03.2019 Ab Woche 6. Bis Eröffnung	**Persönlicher Verkauf** • Informationsstand in der Fußgängerzone und vor dem Studio	Beginn **15.02.19 – 01.03.19:** Jeden Samstag wird an einem Informationstand vor dem Studio und in der Fußgängerzone über das Studio informiert und potenzielle Neukunden beworben. Des Weiteren werden Einblicke in das neue Studio gewährt.

Die Werbung wird an vielen verschiedenen Orten des Marktgebietes eingesetzt und platziert werden, um möglich viele potenzielle Kunden drauf aufmerksam zu machen und die Neugierde zu wecken. Ein weiterer wichtiger Bestandteil des Marketings, ist das Online Marketing. Spätestens heutzutage wissen wir das nicht nur Junge Leute Facebook und Co. nutzen, sondern auch ältere Generationen. Die Anzahl der FB- Nutzer im Alter von 45-64 Jahren liegt bei ca. 4.3 Millionen Menschen in Deutschland (Statista, 2018). Dennoch wird durch die Optionen von Facebook, Instagram und der eigenen Homepage alle Generationen abgedeckt. Der Informationsstand soll nochmal dazu führen, dass ein näherer Kontakt zu den potenziellen Kunden entsteht und Einfluss auf die Beweggründe genommen werden kann. Zur Auswertung der Kampagne wird bei der Anmeldung ein kleiner Fragebogen an alle neuen Mitglieder verteilt, um heraus zu finden durch was ihre Aufmerksamkeit geweckt wurde. Um die Effektivität der Kampagne zu messen, werden hinterher alle Fragebögen ausgewertet.

2.3 Werbeplanung

Tabelle 7: Werbeplanung

Werbemittel	Werbeträger	Begründung
Außenwerbung	• Großflächen Werbung (Plakate) • Mega Light Net Tafeln	Diese Art von Werbung ermöglicht einen schnellen Reichweitenaufbau und eine exakte Ansteuerung auf Zielgebiete. Zusätzlich entsteht ein hohes Kontakvolumen und eine lange Betrachtungsdauer an stark frequentierten Standorten des Belegungsgebietes. Außerdem können in Wartesituationen deteilinformationen des Gesundheitsstudios besser transportiert werden und Zielgruppen zu Interaktion anregen.
Direktwerbung (Verteilung von Flyern in Fußgängerzonen, Phoenix See und Einkaufszentrum)	• Flyer • Werbegeschenke (Kugelschreiber, USB Stick, Mouspads)	Flyer und Werbegeschenke bieten eine Kostengünstige Möglichkeit persönliche Zielgruppenkontakte zu generieren und verweilen lange im Gedächtnis.
Annoncen in Printfomen	• Anzeigen in Dortmunder Stadtanzeiger Süd Hörde	Zeitungen und Anzeigenblätter erzielen eine hohe Reichweite, insbesondere im Marktgebiert. Zudem haben Zeitungen eine hohe lokale Kompetenz und sind

		als lokale Information unverzichtbar.

2.4 Kostenkalkulation / Budgetvergleich bei der Werbeplanung

Tabelle 8: Kostenkalkulation bei der Werbeplanung

Werbemaßnahmen	Kosten
Designe für Flyer und Plakate	Eigenearbeit
10.000 Flyer (DIN Lang 9,8 * 21 cm) 250g, beidseitig, farbig	118,24 € (Flyerarlarm 2018)
20 Plakate (DIN A1 (59,4* 84cm), farbig	130,38€ (Flyerarlarm 2018)
Werbegeschenke Antistressbälle (200 Stk.), Kugelschreiber (250 Stk.) und Mousepads (75 Stk.)	Kugelschreiber Standard 238,81 €, Antistressbälle 191,02 €, Mousepads 179,84 € (Flyerarlarm 2018)
Miete Großflächentafel Faßstr. 10, 44263 Dortmund Hörde	Tagespreis: 64,60 * 40 Tage = 2.584 € (Ströer direkt, 2018)
Miete Mega- Light Net Semerteichstr. 62-64, 44141 Dortmund	Tagespreis: 77,50 * 30 Tage= 2.325 € (Ströer direkt, 2018)
Farbige Annoncen	Samstags Ausgabe Stadtanzeiger Dortmund Süd-Hörde 16.02-09.03.2019 705,60 € (Crossvertise, 2018)
	Summe: 6472,89 €

Die Haupteigenschaften der Werbemittel sind eine möglichst hohe Reichweite zu erlangen und dabei die Kosten so gering wie möglich zu halten. Als Werbebudget stehen dem Unternehmen 20% des Jahresmarketingbudget zu Verfügung, diese Summe beläuft sich auf 5.600 €. Wie bei der Kostenkalkulation zu sehen ist, wird dieser Betrag um 872,89 € überschritten. Um dies Optimieren zu können, gibt es die Möglichkeit die Werbemittel zu variieren und zum Beispiel anstatt einer Großflächentafel, eine kostengünstigere City-light Tafeln zu Mieten. Eine zweite Möglichkeit ist, dass man die Anzahl der Miet Tage verringert und somit die Kosten senkt. Um den aktuellen Überschuss zu reduzieren könnte man die Großflächen Tafel anstatt 40 Tage im Jahr nur 34 Tage nutzen und die Light Net Tafel nur 23 Tage. Somit würde man die Kosten auf 5.542 € reduzieren.

2.5 Synergieeffekte im Rahme der Kommunikationspolitik

Ein Synergieeffekt ist eine positive Wirkung, die sich aus einem Zusammenschluss oder einer Zusammenarbeit mehrere Organisationen ergibt. Alle Studios der Unternehmensgruppe nutzen zu Werbeaktionen Flyer, Plakate und Werbeanzeigen. Um die Synergien erfolgreich und sinnvoll nutzen zu können, werden durch gemeinsame Produktion und Werbeaktionen wie zum Beispiel durch das Teilen von Zeitungsanzeigen und Infoständen sinnvoll Kosten eingespart. Ein weiterer Punkt ist das Networking online und offline, so können zum Bespiel auf den jeweiligen Internetseiten der verschiedenen Studios auf die anderen Studios durch einen Link verwiesen werden und kosten eingespart werden. Aber auch offline, auf Messen, wodurch Ticketpreise oder Mitlgiedsgebühren eingespart werden.

3 Abschlussstatement

Im Allgemeinen bietet die Stadt für alle Unternehmenstypen der Unternehmensgruppe reale Chancen die Anforderungen zu erfüllen. Jedoch sollte der Standort für das jeweilige Studio gewissenhaft ausgewählt werden, da die Stadtteile teilweise stark abweichende Zahlen aufweisen. Die Eröffnung des Gesundheitsstudios in Dortmund Hörde ist sicherlich umsetzbar. Dennoch bestehen trotz der unzweifelhaften positiven Faktoren auch gewisse Risiken. Die Lage des Gesundheitstudio birgt aufgrund der starken Konkurrenz in unmittelbarer Nähe Gefahren. Insbesondere das INJOY, welches eine ähnliche Produktpolitk vertritt, weist wenig Schwächen auf. Allerdings ist eine Eröffnung im Allgemeinen zu bejahen, da es mit einem Gesamtmarktpotenzial von 23.984 Mitgliedern realistische Chancen bestehen. Die Eröffnung des Vereinseigene Fitnessstudio der Unternehmensgruppe ist zu empfehlen, weil es aufgrund des Gesamtmarktpotential von 8.629 und des bestehenden Vereines mit 2000 Mitgliedern denkbar viele potenzielle Kunden gibt. Die Produkt- und Preispolitik unterscheidet sich in vielen Punkten positiv gegenüber der Konkurrenz. Das Damenfitnesstudio muss sich durch das Fitnessstudio Mrs. Sporty mit einem starken Wettbewerber auseinandersetzen. Der gewählte Standort weißt allerdings ein großes Marktpotenzial von 12.770 potenziellen Mitgliedern auf. Durch eine relativ kleine Zielgröße und geringe Fläche von 500-800 qm ist hier eine Eröffnung zu empfehlen. Das Ems – Studio wird im folgenden Abschnitt mit Fiktiven Informationen bewertet. Das Ems Studio in Dortmund Scharnhorst muss sich ebenfalls mit einer starken Konkurrenz auseinandersetzen. Das Medifitness und Gesundheitszentrum punktet nicht nur durch eine große Produktvielfallt, sondern auch durch einen einen günstigen Monatsbeitrag. Das Ems Studio befindet sich mit einem Beitrag von 99€/ Monat im hochpreisigen Segment. Andererseits muss bei einem Gesamtmarktpotenzial von ca. 18.000 Mitgliedern und einem Mikro Studio von 150-200 qm nur ein Bruchstück mobilisiert werden, um dennoch ein rentables Studio zu eröffnen. Abschließend lässt sich sagen, dass das Gesundheitsstudio und das Damenfitnesstudio an den Standorten eröffnet werden kann, aber man dennoch gewisse Risikofaktoren genau überprüfen sollte. Das EMS Studio sollte anhand der vorhandenen Konkurrenz und der Preispolitik an einen alternativen Standort verlegt werden. Die größten Chancen sehe ich bei dem Vereinseigenen Fitnessstudio in Dortmund Aplerbeck, weil das Studio aufgrund der Marktanalyse die besten Werte aufzeigt.

4 Literaturverzeichnis

Bundesagentur für Arbeit. (2018). *Arbeitsmarkt im Überblick - Berichtsmonat November 2018 - Dortmund, Agentur für Arbeit.* Zugriff am 08.12.2018. Verfügbar unter https://statistik.arbeitsagentur.de/Navigation/Statistik/Statistik-nach-Regionen/BA-Gebietsstruktur/Nordrhein-Westfalen/Dortmund-Nav.html

Crossvertise. (2018). *ORA Anzeigenblätter - Printwerbung schalten.* Zugriff am 16.12.2018. Verfügbar unter https://market.crossvertise.com/de-de/ora-anzeigenblaetter-/media/print/details/674714?RatecardId=255189&BookingUnitIds=680661&PrintFormatType=Variable&PageFormatCombined=-%7C1&PrintBookType=1&Placement=0&OrientationType=0&Bleed=False&CrossOver=False&ColumnCount=1&AdHeight=120&Color=4&SelectedDates=16.02.2019&SelectedDates=23.02.2019&SelectedDates=02.03.2019&SelectedDates=09.03.2019

Dannyfit. (2018). *Angebote.* Zugriff am 10.12.2018. Verfügbar unter https://dannyfit.de/angebote/

Five. (2018). *Konzept.* Zugriff am 07.12.2018. Verfügbar unter https://www.five-konzept.de/konzept

Flyerarlarm. (2018). *Basispreise Antistressbälle.* Zugriff am 17.12.2018. Verfügbar unter https://www.flyeralarm.com/de/shop/configurator/index/id/6880/antistressbaelle.html

Flyerarlarm. (2018). *Basispreise Flyer.* Zugriff am 17.12.2018. Verfügbar unter https://www.flyeralarm.com/de/shop/configurator/index/id/5756/flyer-klassiker.html

Fylerarlarm. (2018). *Baisispreise Plakate.* Zugriff am 17.12.2018. Verfügbar unterhttps://www.flyeralarm.com/de/shop/configurator/index/id/75/plakate-digitaldruck-1-30-stueck.html

Fylerarlarm. (2018). Basispreise USB Sticks. Zugriff am 17.12.2018. Verfügbar unter https://www.flyeralarm.com/de/shop/configurator/index/id/6263/usb-sticks-mit-aluminiumbuegel.html

Flyerarlarm. (2018). Basispreise Mousepads. Zugriff am 17.12.2018. Verfügbar unterhttps://www.flyeralarm.com/de/shop/configurator/index/id/6832/mousepads-direktdruck.html

INJOY. (2018). *Unsere Angebote.* Zugriff am 10.12.2018. Verfügbar unter https://www.injoy-dortmund.de/unser-angebot.html

Jahresbericht dortmunderstatistik 2018. (2017). *Bevölkerung.* Zugriff am 10.12.2018. Verfügbar unter https://www.dortmund.de/media/p/statistik/veroeffentlichungen/jahresberichte/211_-_Jahresbericht_2018_Dortmunder_Bevoelkerung.pdf

Lichtner, C. (2017). *Kaufkraft der Deutschen steigt 2018 um 2,8 Prozent.* GFK GeoMarketing GmbH. Zugriff am 12.12.2018. Verfügbar unter https://www.gfk.com/de/insights/press-release/kaufkraft-der-deutschen-steigt-2018/

Openrouteservice. (2018). *Isochronen Am Kai 8.* Zugriff am 11.12.2018. Verfügbar unter
https://maps.openrouteservice.org/reach?n1=51.499553&n2=7.530441&n3=11&a=51.491046,7.506545&b=0&i=0&j1=14&j2=2&k1=en-US&k2=km

Statista. (2018). *Anzahl der Facebook-Nutzer nach Altersgruppen und Geschlecht in Deutschland im Januar 2018 (in Millionen).* Zugriff am 14.12.2018. Verfügbar unter https://de.statista.com/statistik/daten/studie/512316/umfrage/anzahl-der-facebook-nutzer-in-deutschland-nach-alter-und-geschlecht/

Statistik Bevölkerung. (2017). Bevölkerung nach Geschlecht und Staatsangehörigkeit in den Statischen Bezirken am 31.12.2017. Zugriff am 14.12.2018. Verfügbar unter https://www.dortmund.de/media/p/statistik_3/statistik/bevoelkerung/02_02_Bevoelkerung_Geschlecht_Staatsangehoerigkeit_Statistische_Bezirke.pdf

Statistik Wirtschaft. (2017). Arbeitslosenquote nach Statistischen Bezirken und Stadtbezirken. Zugriff am 12.12.2018. Verfügbar unter https://www.dortmund.de/media/p/statistik_3/statistik/wirtschaft_1/06_12_Arbeitslosenquoten_Statistische_Bezirke.pdf

Schlaffke, W., & Plünnecke, A. (2018). Studienbrief Marketing I. Saarbrücken: Deutsche Hochschule für Prävention und Gesundheit

Ströer direkt. (2018). *Großflächen in Dortmund*. Zugriff am 20.12.2018. Verfügbar unterhttps://www.stroeer-direkt.de/nc/dortmund-05913000/44001/werbemedien/produkt/grossflaeche.html

Ströer direkt. (2018). *Mega-Light Net in Dortmund*. Zugriff am 20.12.2018. Verfügbar unter   https://www.stroeer-direkt.de/nc/dortmund-05913000/44001/werbemedien/produkt/mega-light-net.html

-

5 Abbildungs- und Tabellenverzeichnis

5.1 Abbildungsverzeichnis

5.2 Tabellenverzeichnis

Bemerkung: Aufgrund keiner abgegebenen Leistung des Unternehmenstype EMS Studio konnte dieses Studio **nicht** anhand vorliegender Informationen bewertet werden.